Harriet Tubman

Liderar a los esclavos a la libertad

Debra J. Housel

Asesor

Glenn Manns, M.A.
Coordinador del programa de enseñanza de Historia de los Estados Unidos en la Cooperativa Educativa de Ohio Valley

Créditos

Dona Herweck Rice, *Gerente de redacción*; Lee Aucoin, *Directora creativa*; Conni Medina, M.A.Ed., *Editorial Director*; Katie Das, *Editora asociada*; Neri Garcia, *Diseñador principal*; Stephanie Reid, *Investigadora fotográfica*; Rachelle Cracchiolo, M.S.Ed., *Editora comercial*

Teacher Created Materials

5301 Oceanus Drive
Huntington Beach, CA 92649-1030
http://www.tcmpub.com
ISBN 978-1-4333-2584-7
©2011 Teacher Created Materials, Inc.
Printed in Thailand

Tabla de contenido

De esclava a líder

Harriet Tubman fue una mujer valiente. Nació **esclava** en una **plantación** de Maryland alrededor de 1820. Cuando creció, se escapó. Harriet participó en la lucha contra la esclavitud. Llevó a muchos esclavos hacia la libertad.

Un esclavo huye de su amo.

Harriet Tubman

Una joven esclava

Harriet era una de 11 niños. Su familia vivía en una cabaña de una sola habitación. Tenía piso de tierra y no tenía ventanas. A los 5 años, Harriet trabajaba en el campo. A los 7 años, cuidaba de un bebé anglosajón día y noche. Alrededor de los 12 años, Harriet vio a un esclavo escapar de su amo. A los esclavos fugitivos se les castigaba.

Una cabaña de esclavos

Una niña esclava cose y cuida de un bebé anglosajón que duerme.

A los esclavos los trataban mal.

Para ayudar al hombre a escapar, Harriet se puso entre él y su amo. El amo, enojado, le arrojó una plancha. La plancha golpeó a Harriet en la cabeza. Casi se murió. Ella no despertó por semanas. Cuando Harriet se despertó, decidió que quería ser libre.

El dueño de Harriet no quería gastar dinero en un médico para ella.

Las planchas antiguas pesan más de 7 libras.

Un escape audaz

En 1844, Harriet se casó con John Tubman. Él era un **afroamericano** libre. Ella le dijo que pensaba escaparse. Una noche de 1849, Harriet se fue. Se llevó con ella a tres de sus hermanos. Pero sus hermanos tuvieron mucho miedo. Ellos regresaron.

Esclavos escondidos en la noche

Antes de que ella se casara con John, el amo de Harriet murió. Entonces, la vendieron a otro amo.

Hombres, mujeres y niños esperan ser vendidos.

Harriet huyó. Fue a la casa de una mujer anglosajona. Esa mujer formaba parte del **Ferrocarril Clandestino**. El Ferrocarril Clandestino no tenía vías. Tampoco tenía trenes. Estaba hecho de personas que querían ayudar a los esclavos. Estas personas ayudaban a los esclavos fugitivos a viajar al Norte, hacia la libertad.

Una parada del Ferrocarril Clandestino

Thomas Garrett escondía esclavos detrás de una pared en su zapatería. Ayudó a 2,700 personas.

Thomas Garrett

13

La Ley de Esclavos Fugitivos de 1850 decía que los esclavos fugitivos atrapados en el Norte debían volver a la esclavitud.

THE FUGITIVE SLAVE LAW.

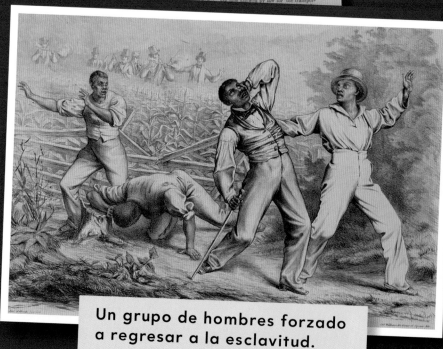

Un grupo de hombres forzado a regresar a la esclavitud.

Harriet se escondía en casas o graneros durante el día. Por la noche, caminaba. Finalmente cruzó la **Línea Mason-Dixon**. Esta línea era la frontera entre Pennsylvania y Maryland. Al norte de esta línea, había libertad. Al sur de la línea, había esclavitud.

Línea Mason-Dixon

Libertad para los demás

En Pennsylvania, Harriet conoció a algunos **abolicionistas.** Se incorporó al trabajo que ellos hacían contra la esclavitud. Harriet ahorró dinero. Usó ese dinero para regresar al Sur. Una vez allí, conducía a los esclavos al Norte. Hizo esto 19 veces y llevó a más de 300 esclavos a la libertad.

Esclavos fugitivos en camino a la libertad

A Harriet la llamaban Moisés. Igual que el Moisés de la Biblia, Harriet ayudó a las personas a liberarse de la esclavitud.

Frederick Douglass, un abolicionista estadounidense

Los dueños de los esclavos sabían quién era Harriet. Había carteles que ofrecían dinero por su **captura**. Pero nadie la capturó. Harriet se disfrazaba de hombre o de anciana. Se escondía con los esclavos fugitivos en pantanos llenos de serpientes y tortugas mordedoras. Harriet y los esclavos fugitivos pasaban hambre y frío.

Un esclavo se esconde en un pantano.

Se ofrecía una recompensa de $12,000 por la captura de Harriet. En esa época, esto era muchísimo dinero.

$100 REWARD!
RANAWAY

From the undersigned, living on Current River, about twelve miles above Doniphan, in Ripley County, Mo., on 2nd of March, 1860, A NE GRO MAN, about 30 years old, weighs about 160 pounds; high forehead, with a scar on it; had on brown pants and coat very much worn, and an old black wool hat; shoes size No. 11.

The above reward will be given to any person who may apprehend this said negro out of the State; and fifty dollars if apprehended in this State outside of Ripley county, or $25 if taken in Ripley county.

APOS TUCKER.

Un cartel de recompensa por la captura de un esclavo fugitivo

Harriet no permitía que los esclavos fugitivos regresaran. Ella sabía que los castigarían. También temía que le contaran a alguien sobre el Ferrocarril Clandestino. Si un esclavo fugitivo quería regresar, Harriet le apuntaba con un arma. Luego le decía, —O sigues o mueres—.

Harriet guía a los esclavos hacia la libertad.

Harriet nunca disparó su arma.
Los cazadores de esclavos nunca
atraparon a ninguno de los fugitivos.

Al servicio del ejército de la Unión

La **Guerra Civil** comenzó en 1861. Los estados del Norte luchaban contra los estados del Sur. El Norte quería liberar a los esclavos. Harriet trabajaba para el **ejército de la Unión** en el Norte. Era enfermera y **espía**. Como espía, arriesgaba la vida para pasarles información secreta a las tropas.

Muchos afroamericanos, tanto esclavos como libres, lucharon en el ejército de la Unión.

Harriet trabajó para el ejército de la Unión durante más de dos años. Nunca le pagaron ni un centavo.

Una noche en 1863, en Carolina del Sur, Harriet ayudó a guiar a 150 soldados afroamericanos río arriba. En la oscuridad, arruinaron las provisiones del enemigo. También liberaron alrededor de 800 esclavos. ¡Hicieron todo esto sin que nadie saliera herido!

¡La misión de Harriet fue un éxito!

Dato curioso

Cuando terminó la Guerra Civil en 1865, liberaron a todos los esclavos.

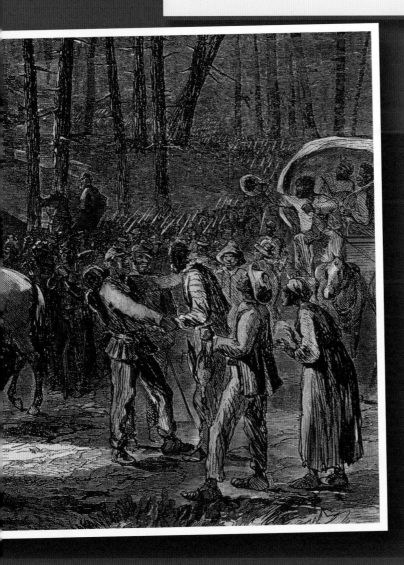

Los últimos años de Harriet

Harriet se mudó a Nueva York. Le dio un terreno a la iglesia para que construyeran un asilo para pobres. Harriet también trabajó para que las mujeres tuvieran derecho a voto. Harriet murió en 1913. Arriesgó su vida muchas veces, pero vivió hasta los 93 años.

Dato curioso

Los veteranos de la Guerra Civil de Nueva York le hicieron un funeral militar a Harriet.

Harriet Tubman

Un monumento a Harriet Tubman

1820

Harriet Tubman nace en una plantación de Maryland.

1833

Harriet casi muere por una herida en la cabeza.

1849

Harriet se escapa a Pennsylvania y se convierte en abolicionista.

1861

Harriet trabaja como enfermera para el ejército de la Unión y libera esclavos.

1863

Harriet espía para el ejército de la Unión durante la Guerra Civil.

1913

Harriet muere a los 93 años.

Glosario

abolicionistas—personas que trabajan para acabar con leyes injustas, como la esclavitud

afroamericanos—personas nacidas en el continente americano con familia que vino de África

capturar—atrapar a una persona para mantenerla en algún lado

ejército de la Unión—el ejército de los estados del Norte

esclavo(a)—persona que pertenece a otra persona y que debe trabajar sin recibir dinero a cambio

espía—persona cuyo trabajo es averiguar información secreta sobre otro país

Ferrocarril Clandestino—grupo secreto que ayudaba a escapar a los esclavos

Guerra Civil—guerra estadounidense entre los estados del Norte y los del Sur

Línea Mason-Dixon—división entre los estados libres y los estados esclavistas

plantación—granja grande dedicada a los cultivos

Índice

Estadounidenses de hoy

En 1987, Oral Lee Brown visitó un salón de primer grado. Los estudiantes eran pobres. Ella les dijo que ella pagaría para que pudieran ir a la universidad. Empezó a ahorrar $10,000 por año. Luego fundó la Fundación Oral Lee Brown. Algunas personas le daban dinero para ayudar. Casi todos los estudiantes de esa clase terminaron la universidad. Oral les mostró el camino que los sacó de la pobreza.